WHY WE SWEAR?

RELAX

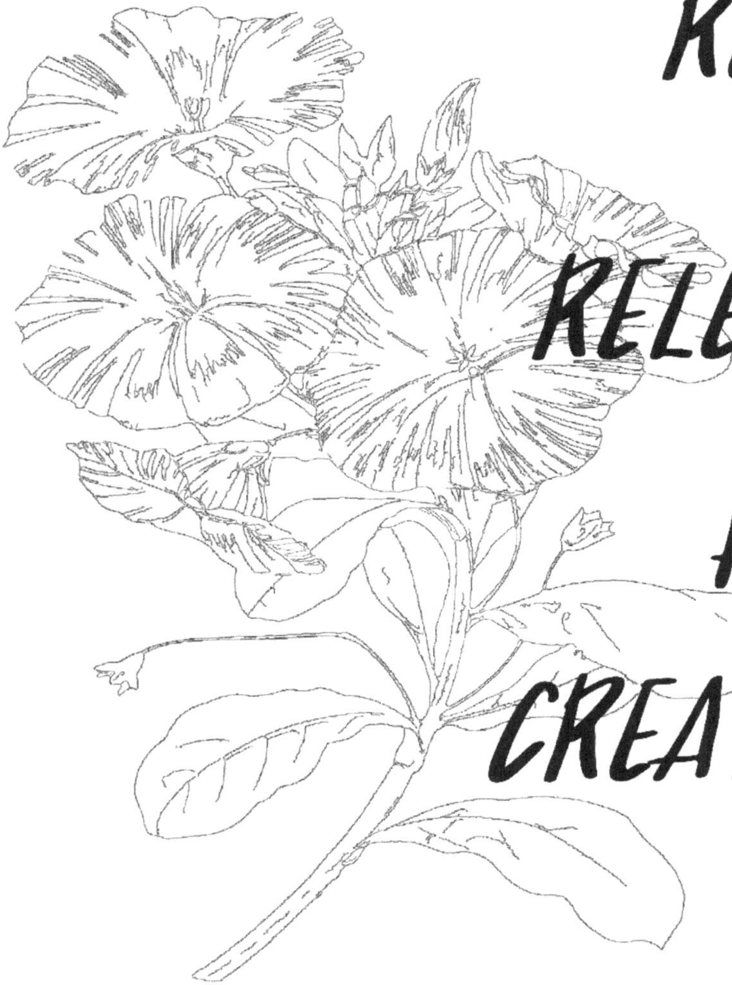

RELEASE

HAVE FUN

CREATE

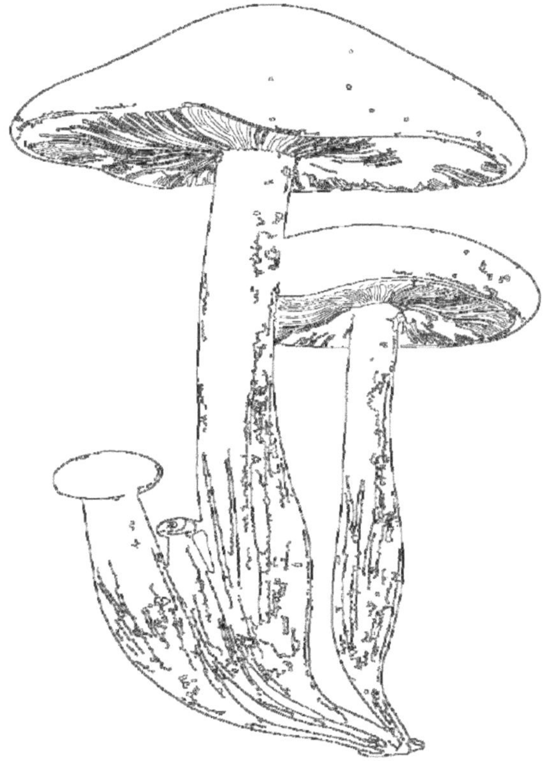

ENJOY COLORING !!!

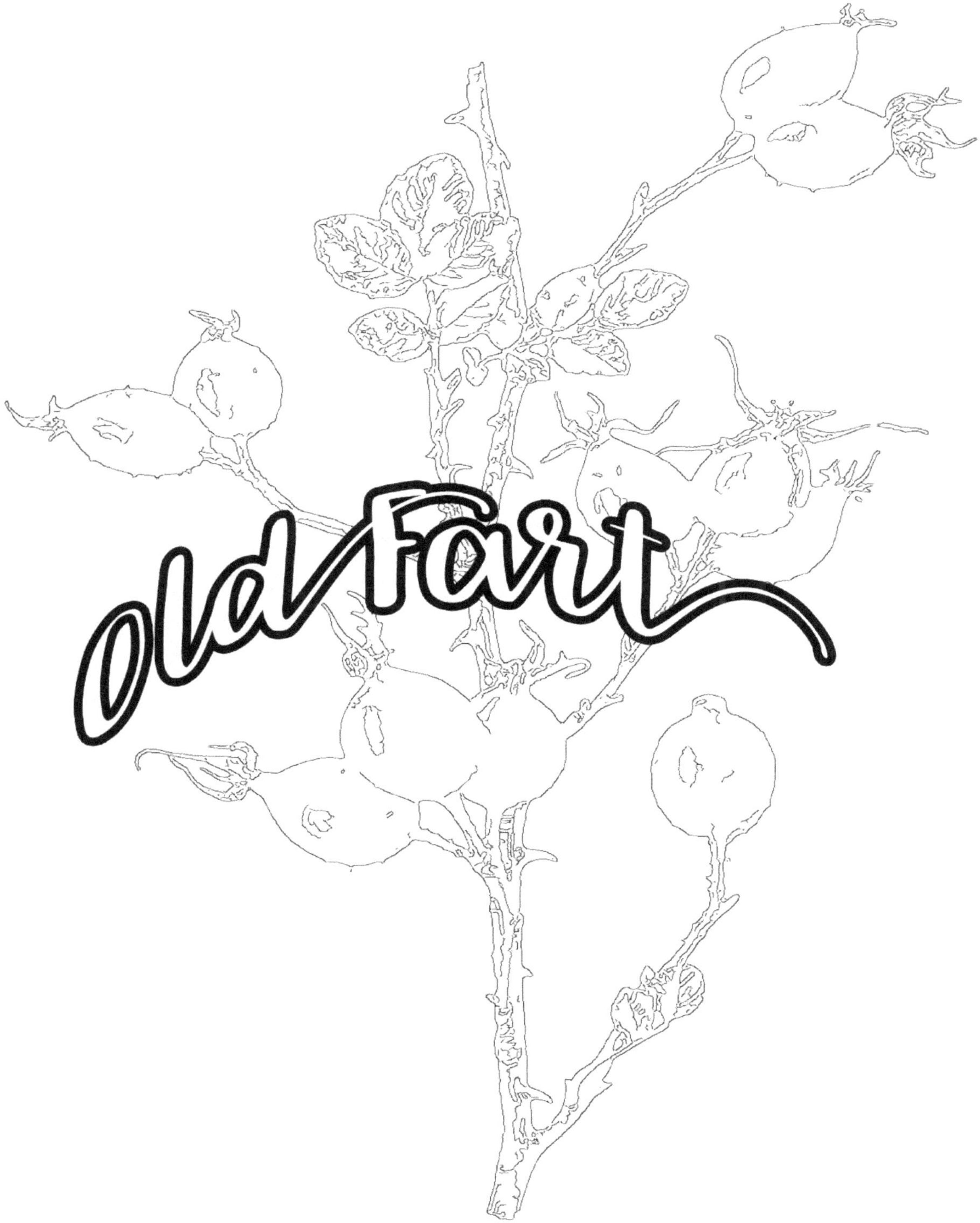
Old Fart

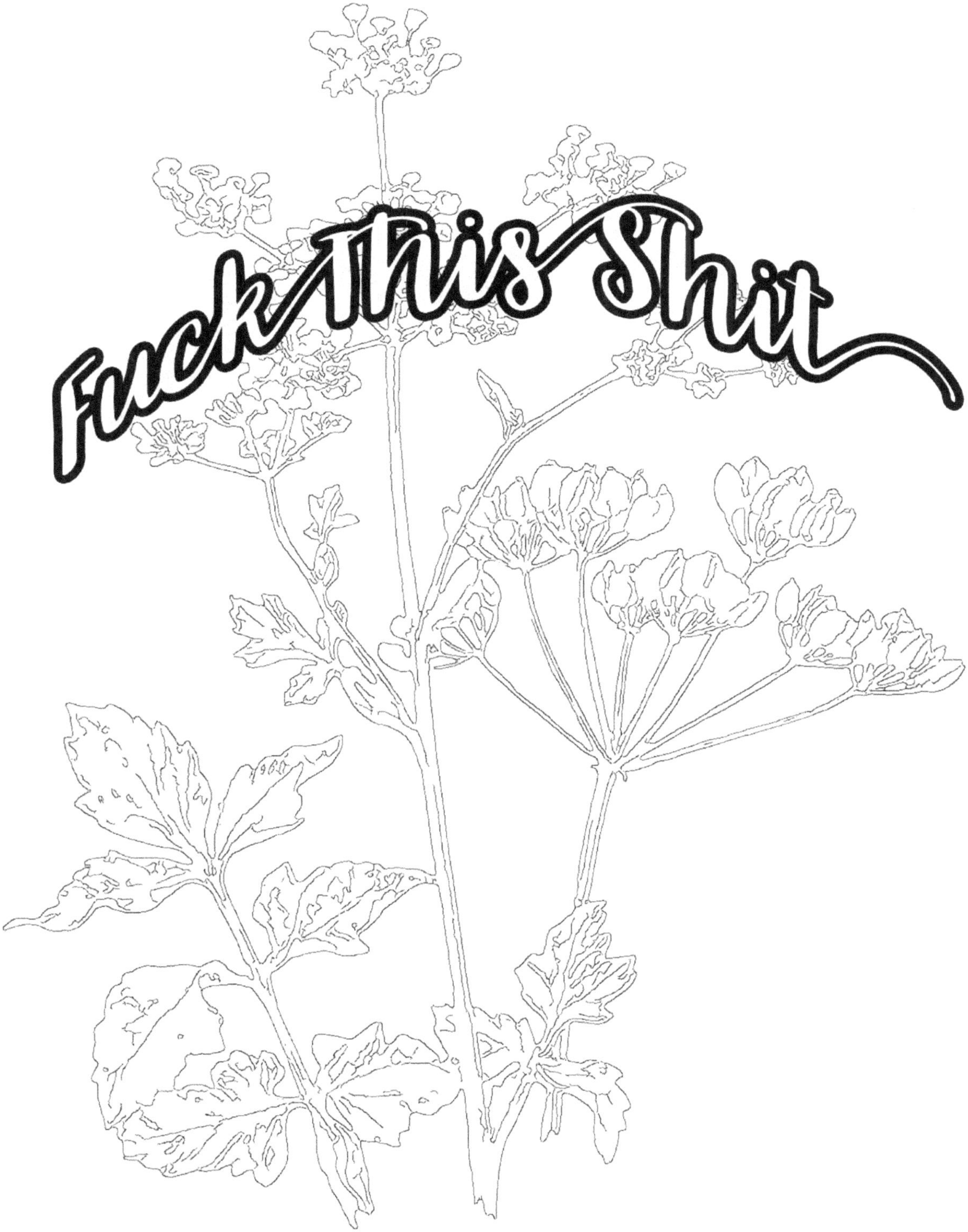
Fuck This Shit

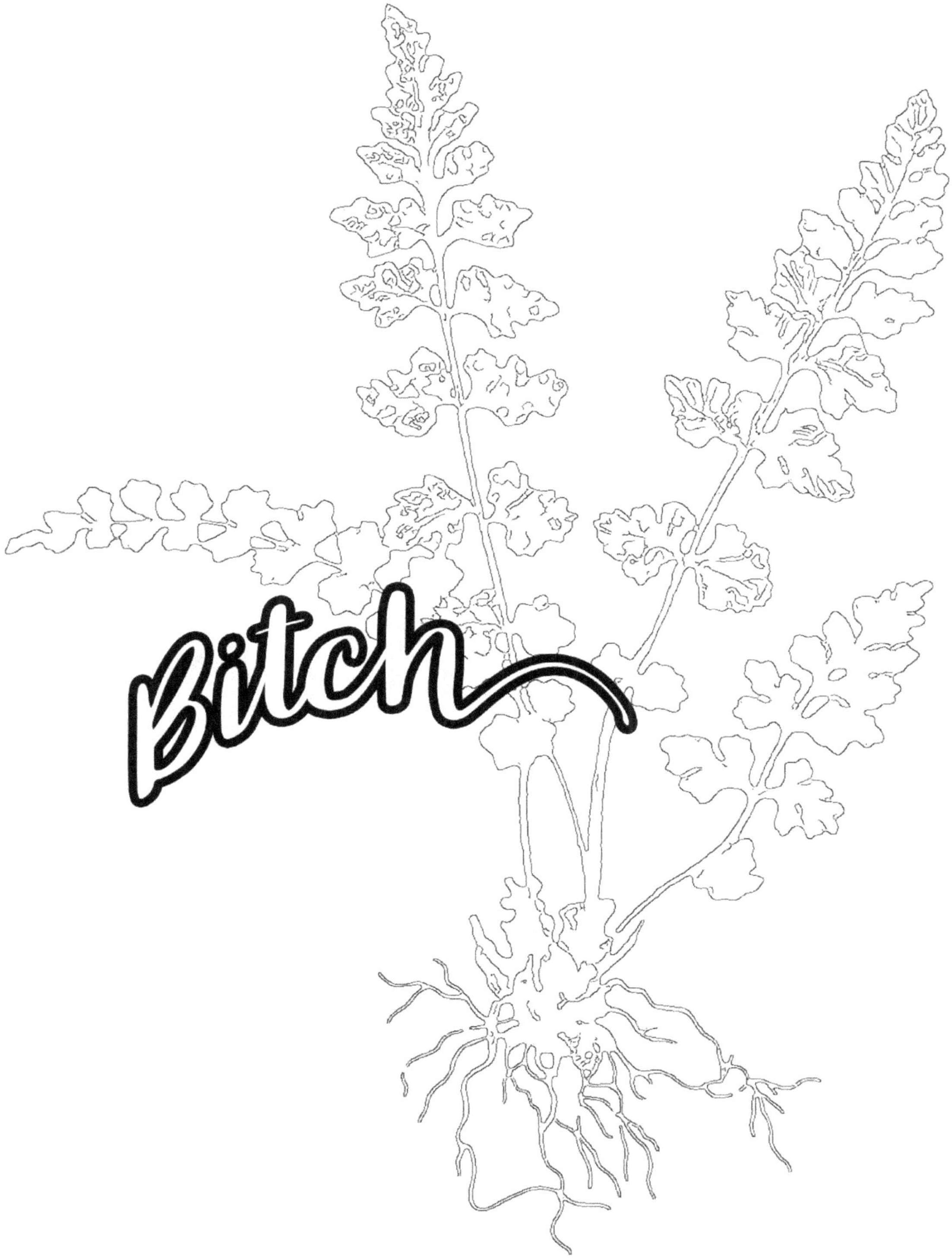
Bitch

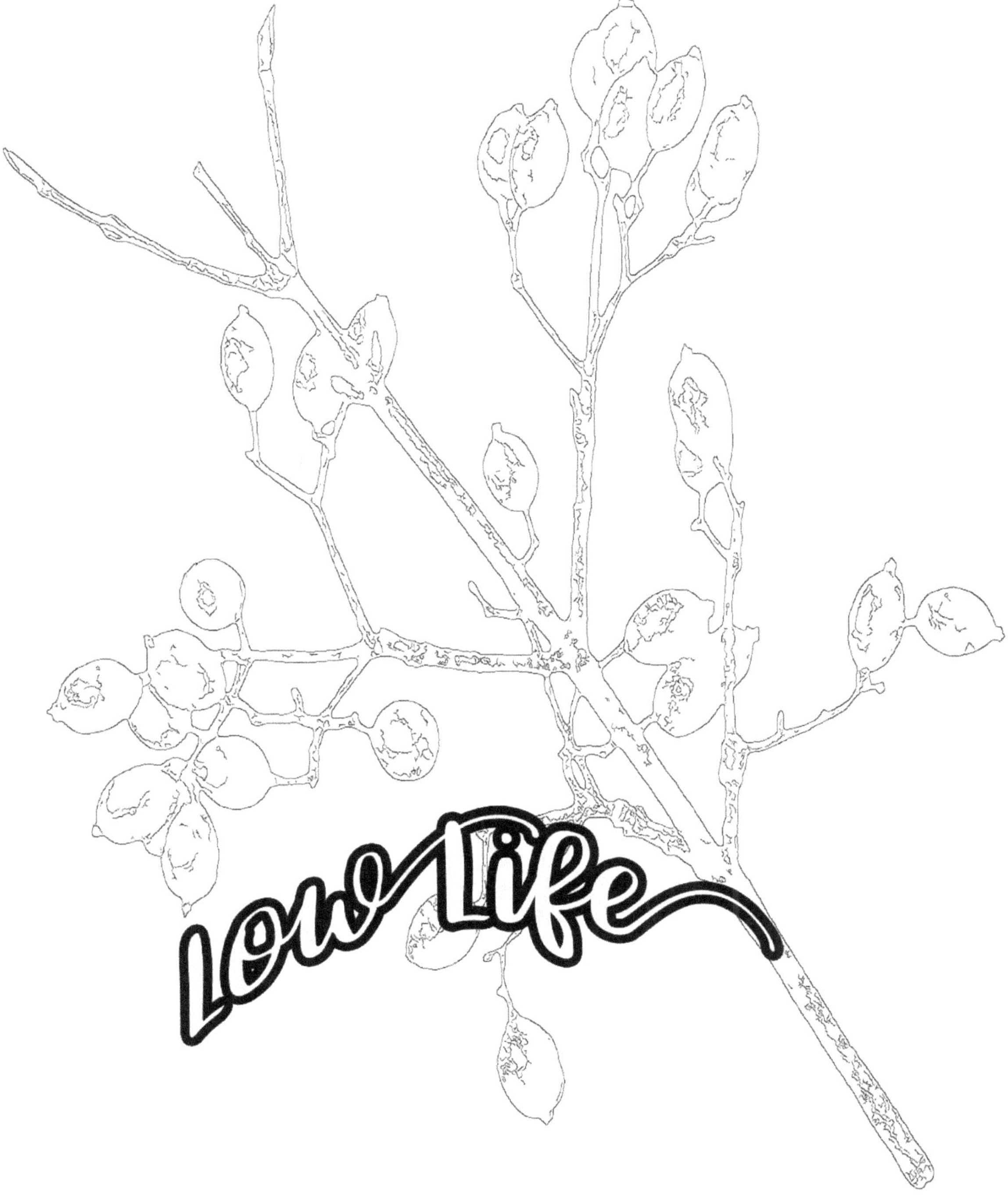
Low Life

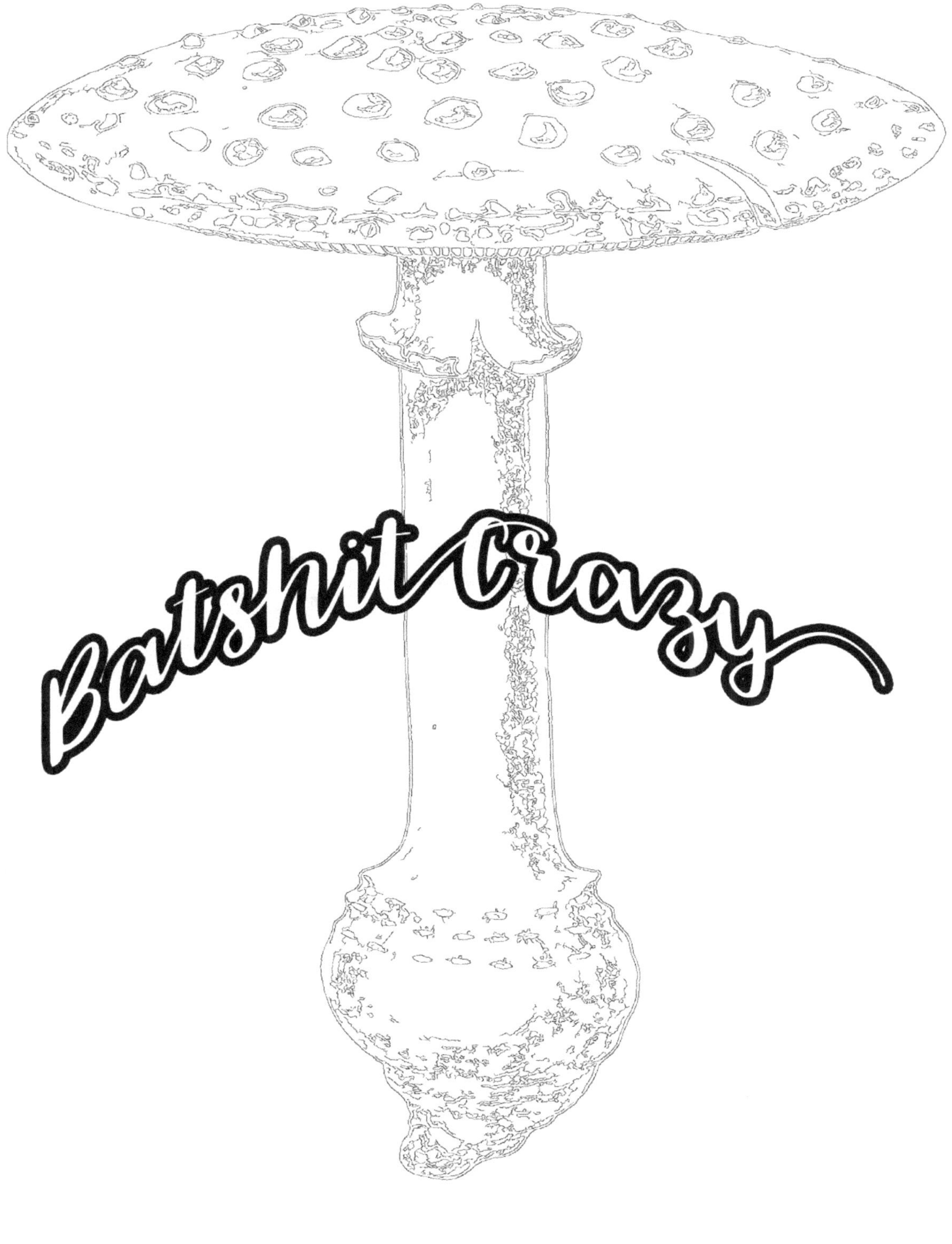
Batshit Crazy

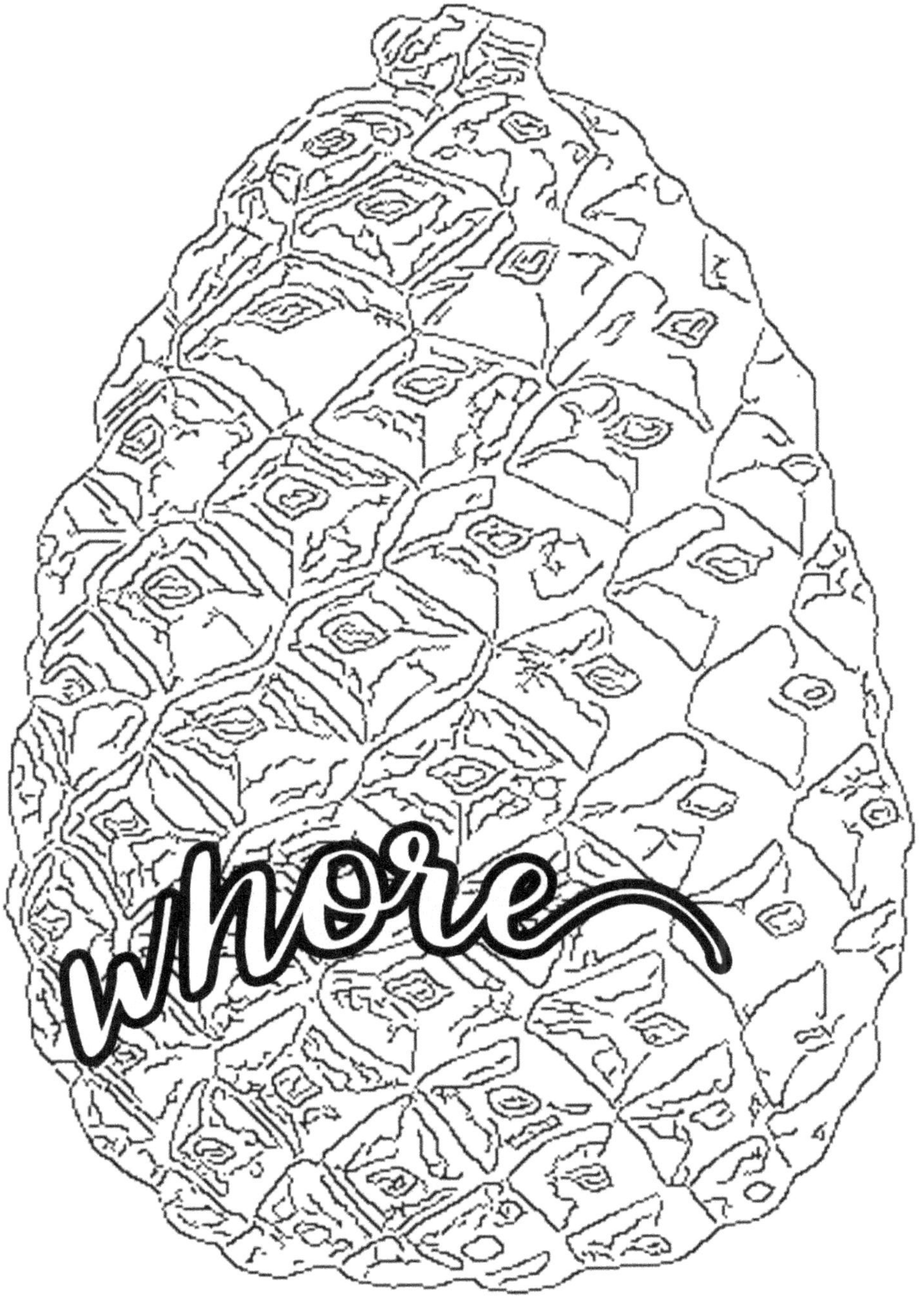
whore

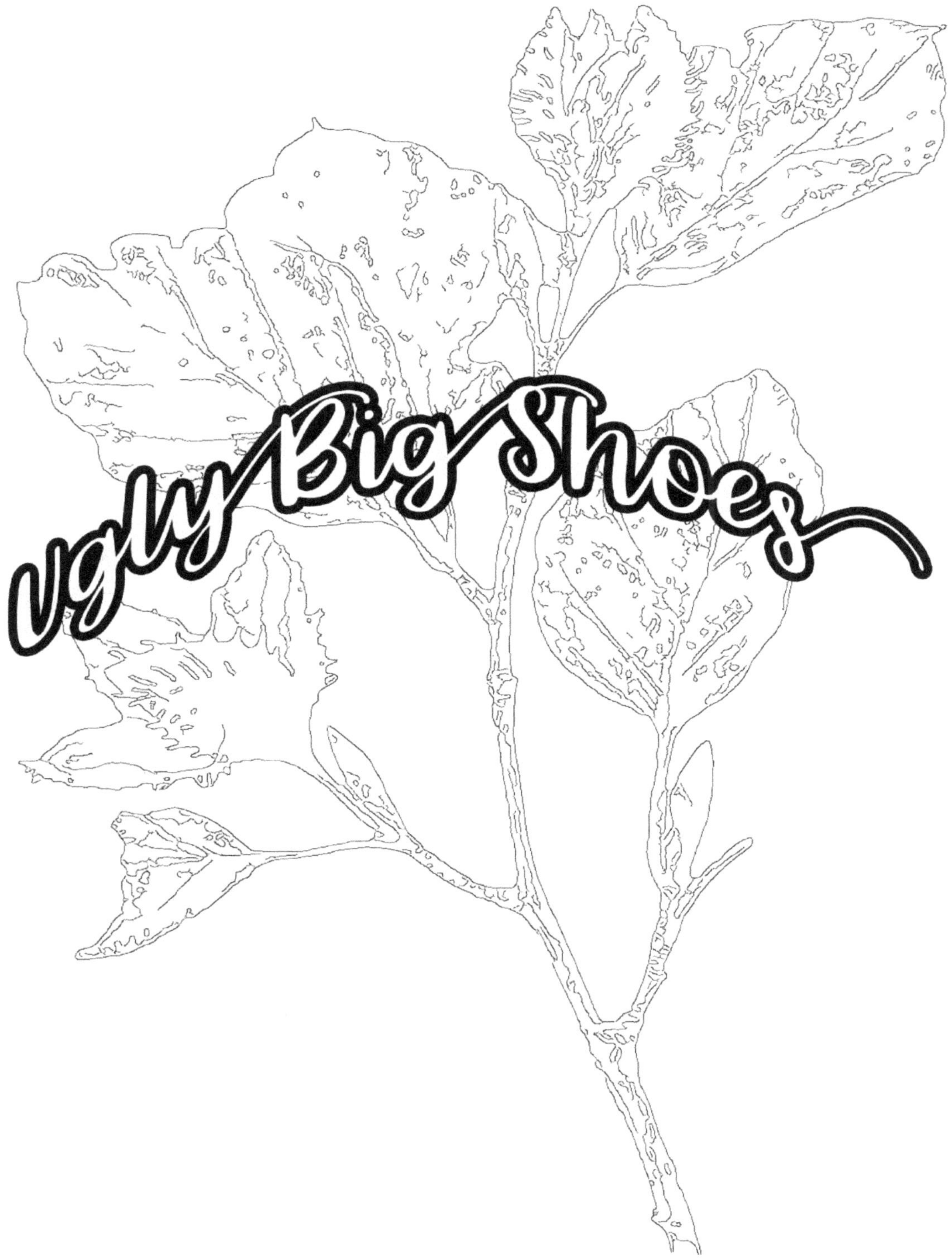
Ugly Big Shoes

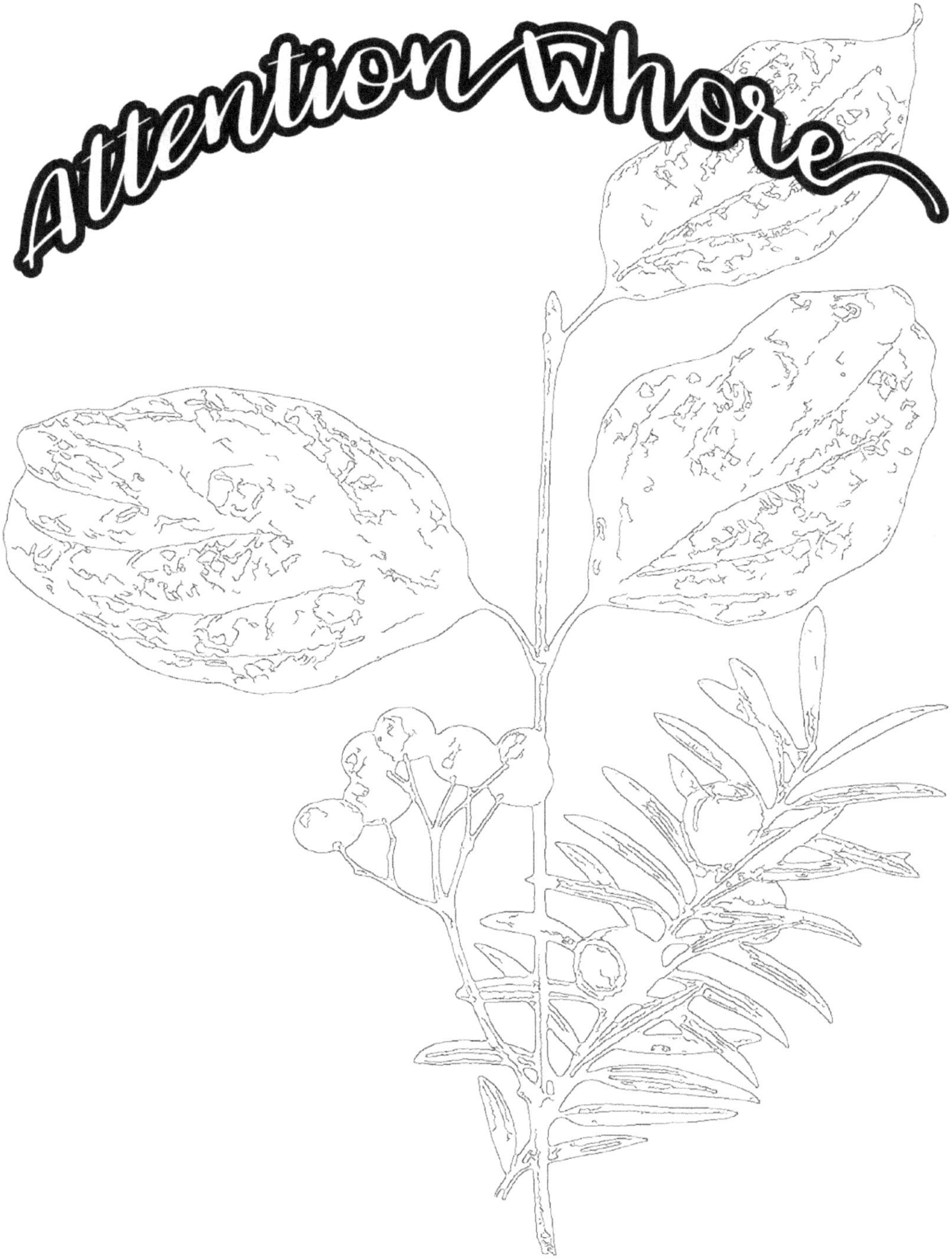
Attention Whore

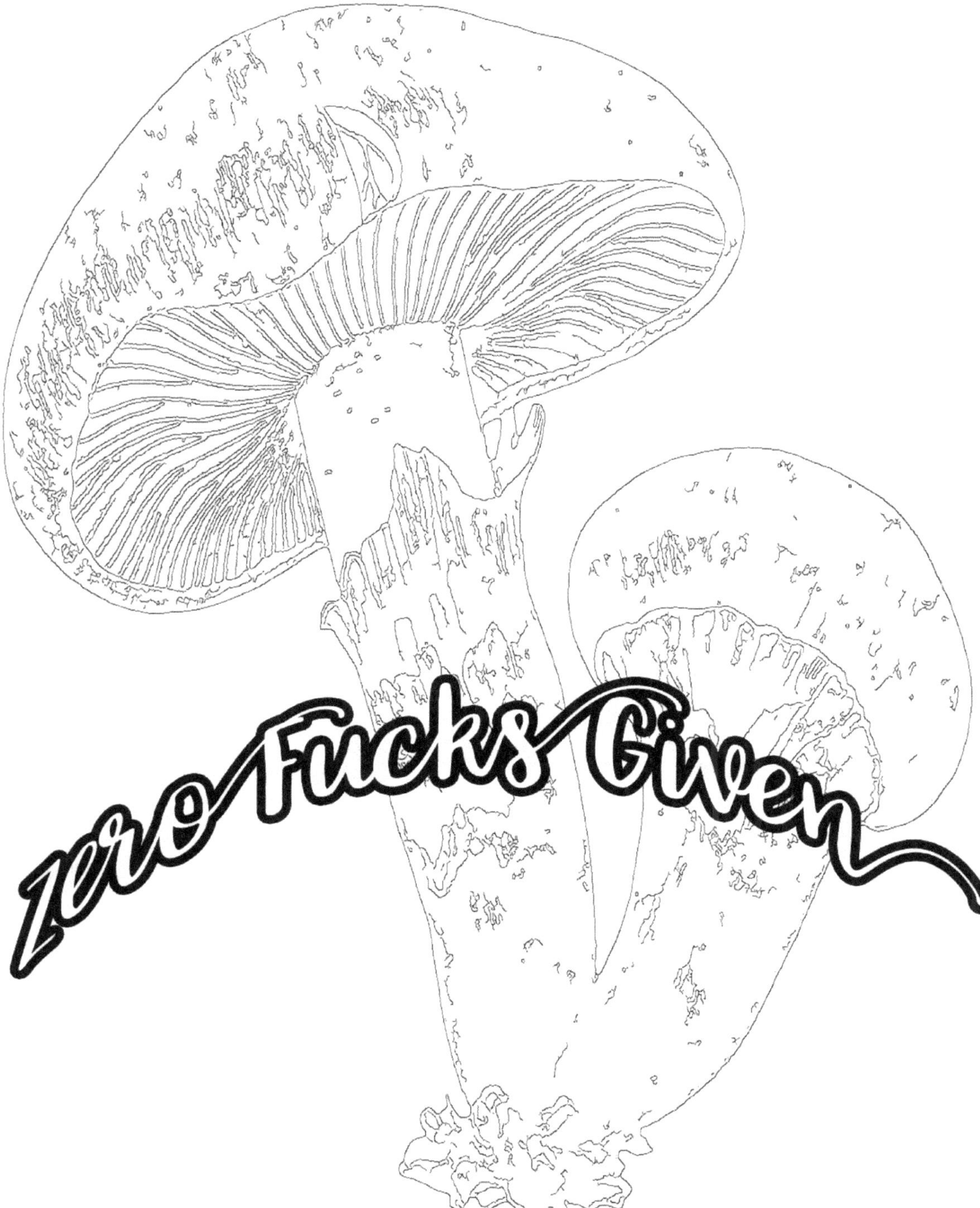
Zero Fucks Given

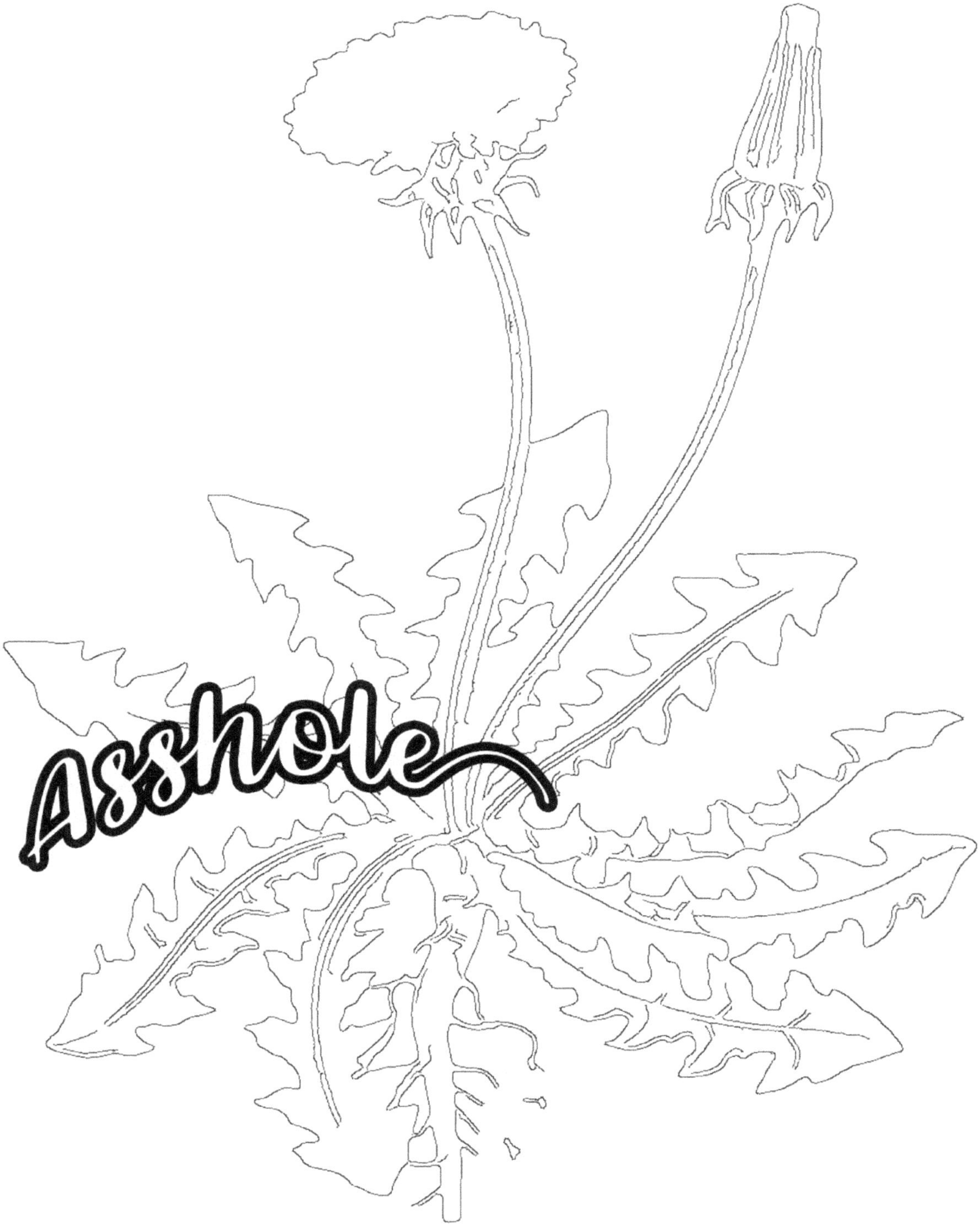
Asshole

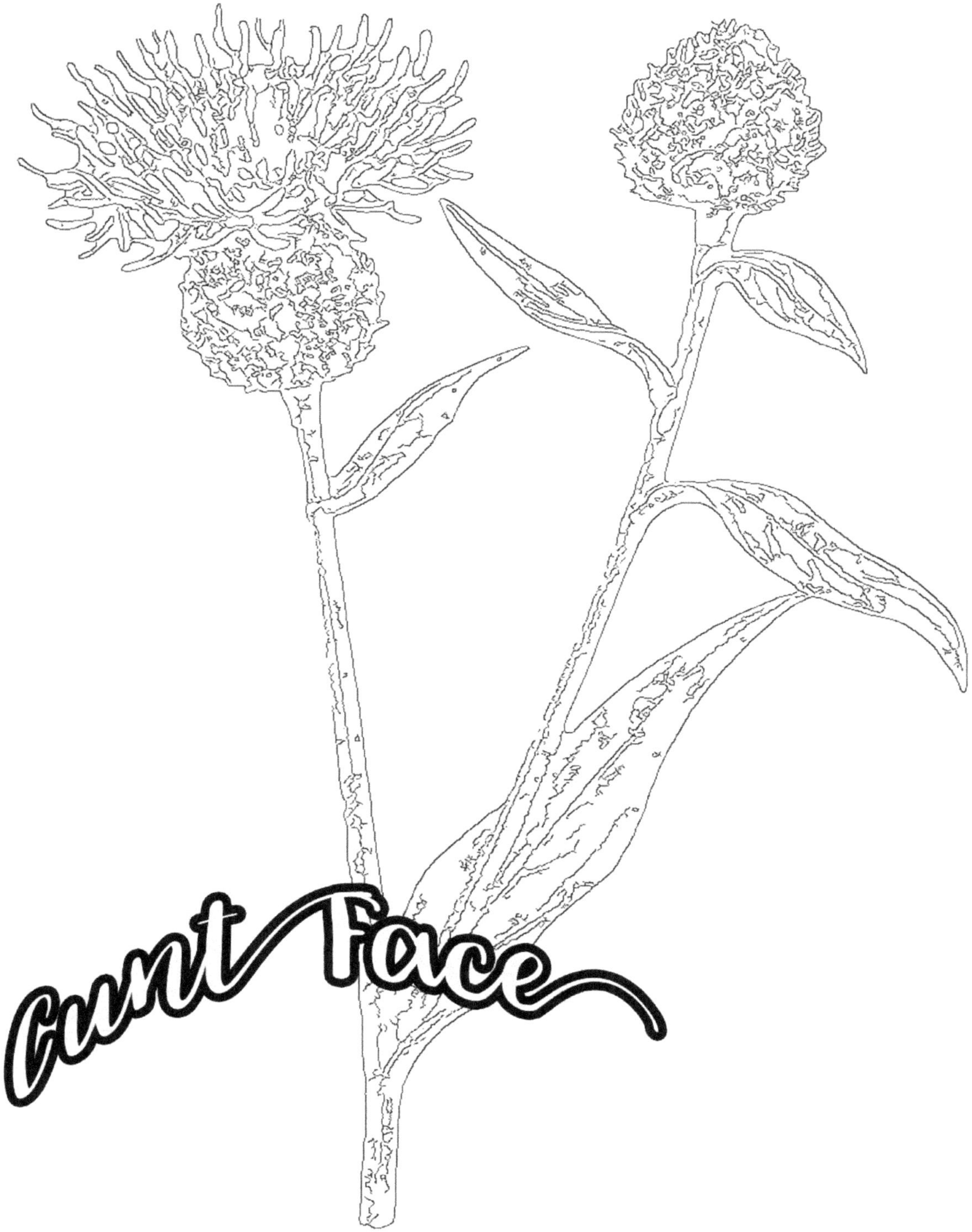
Cunt Face

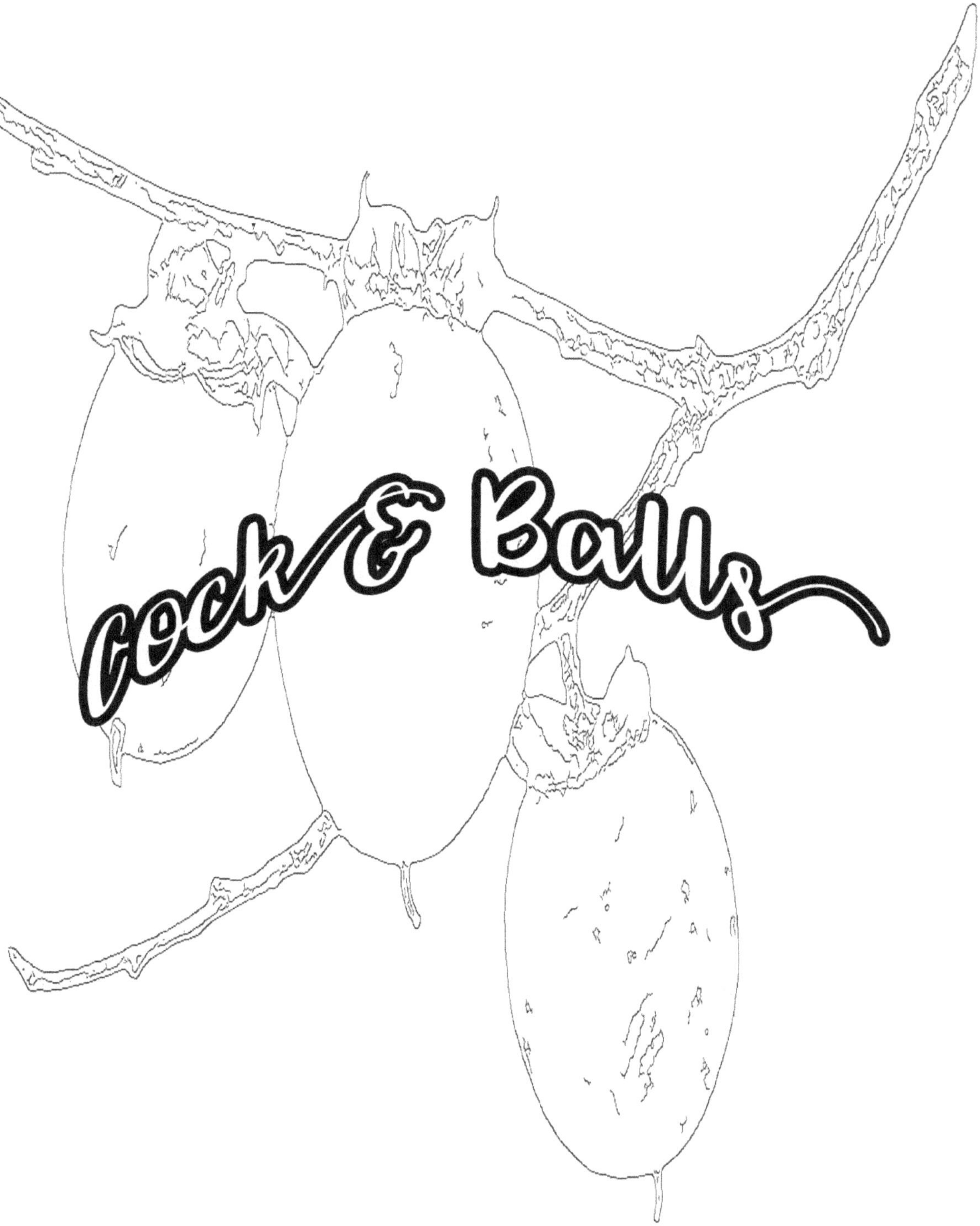
Cock & Balls

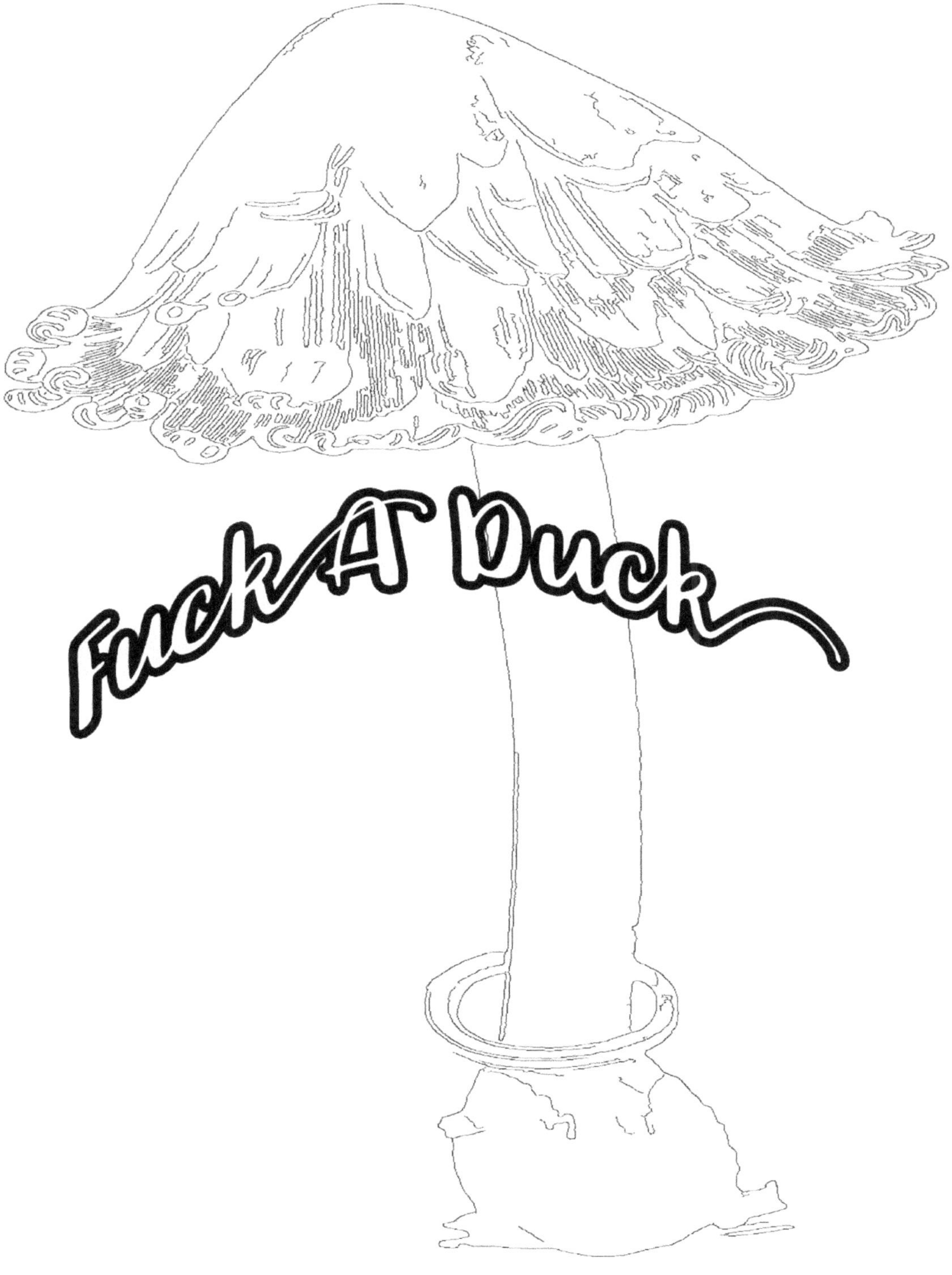
Fuck A Duck

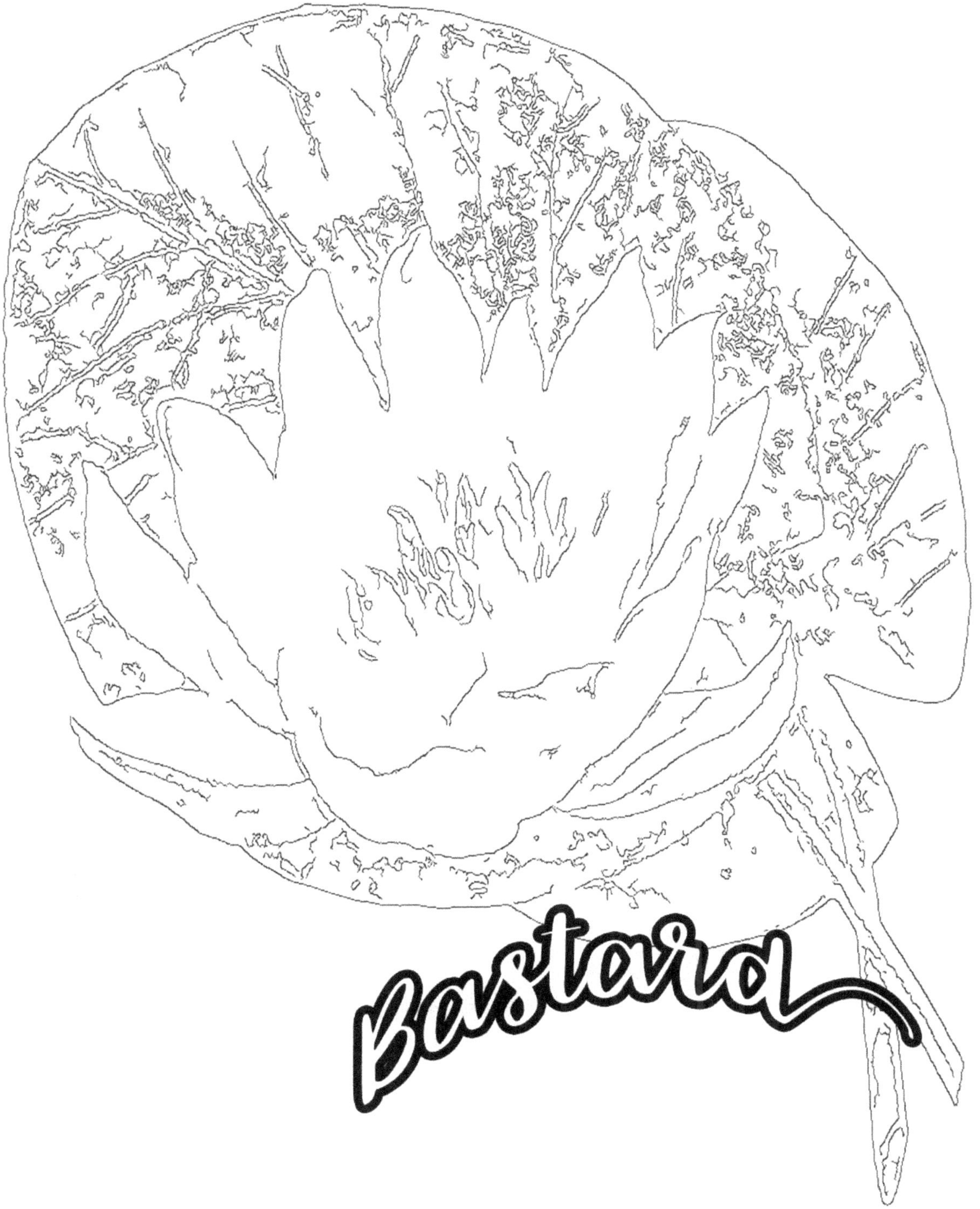
Bastara

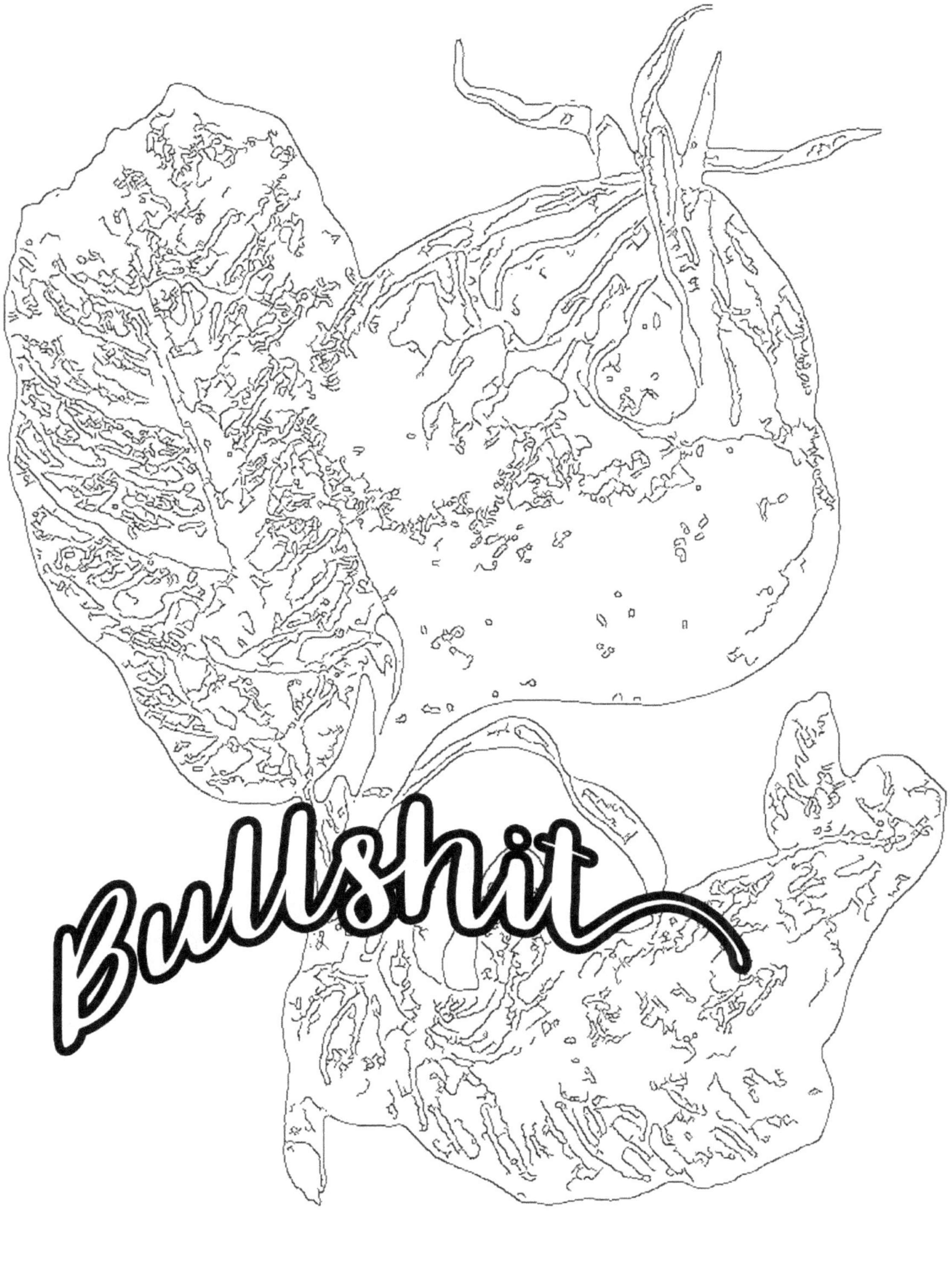
Bullshit

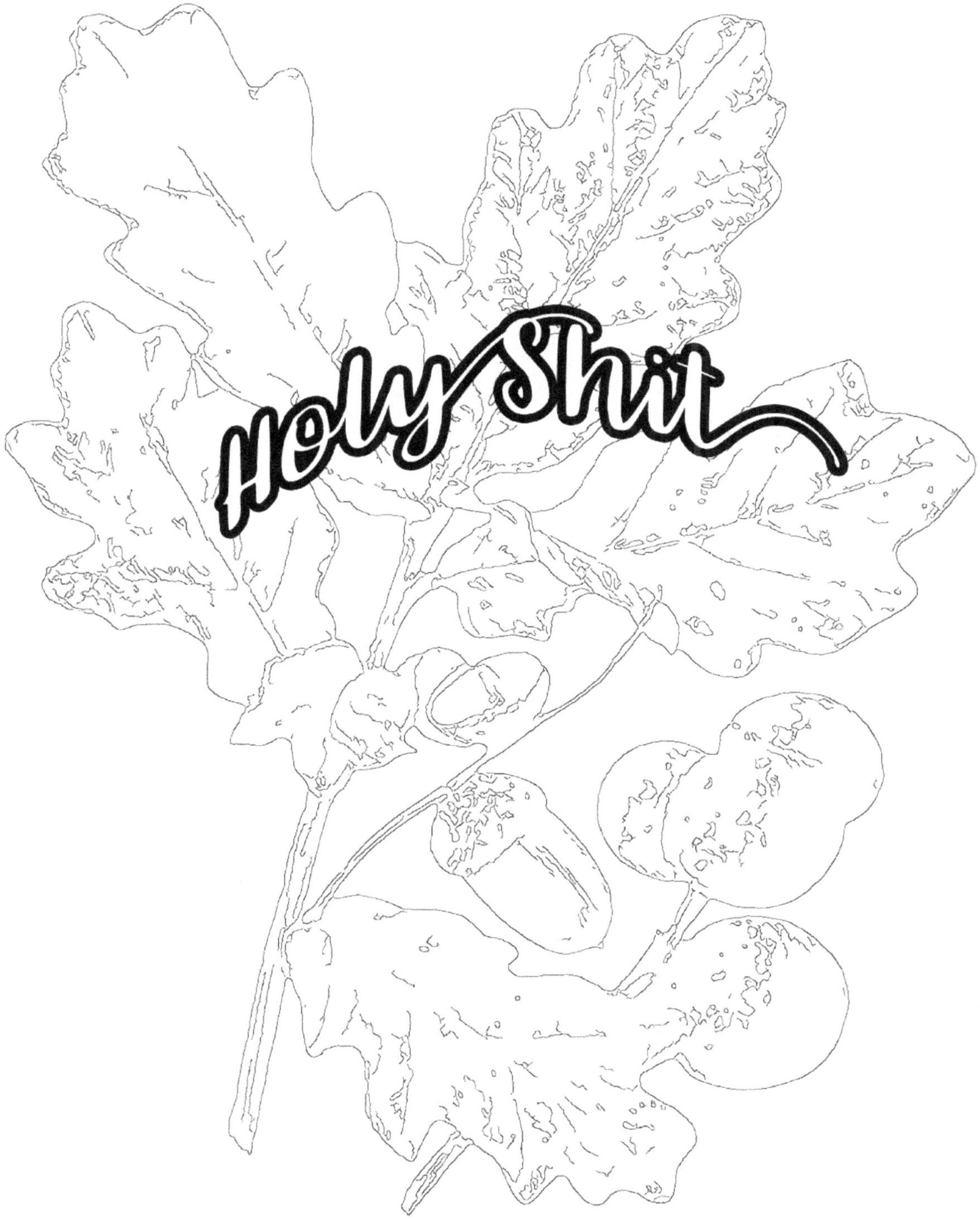
Holy Shit

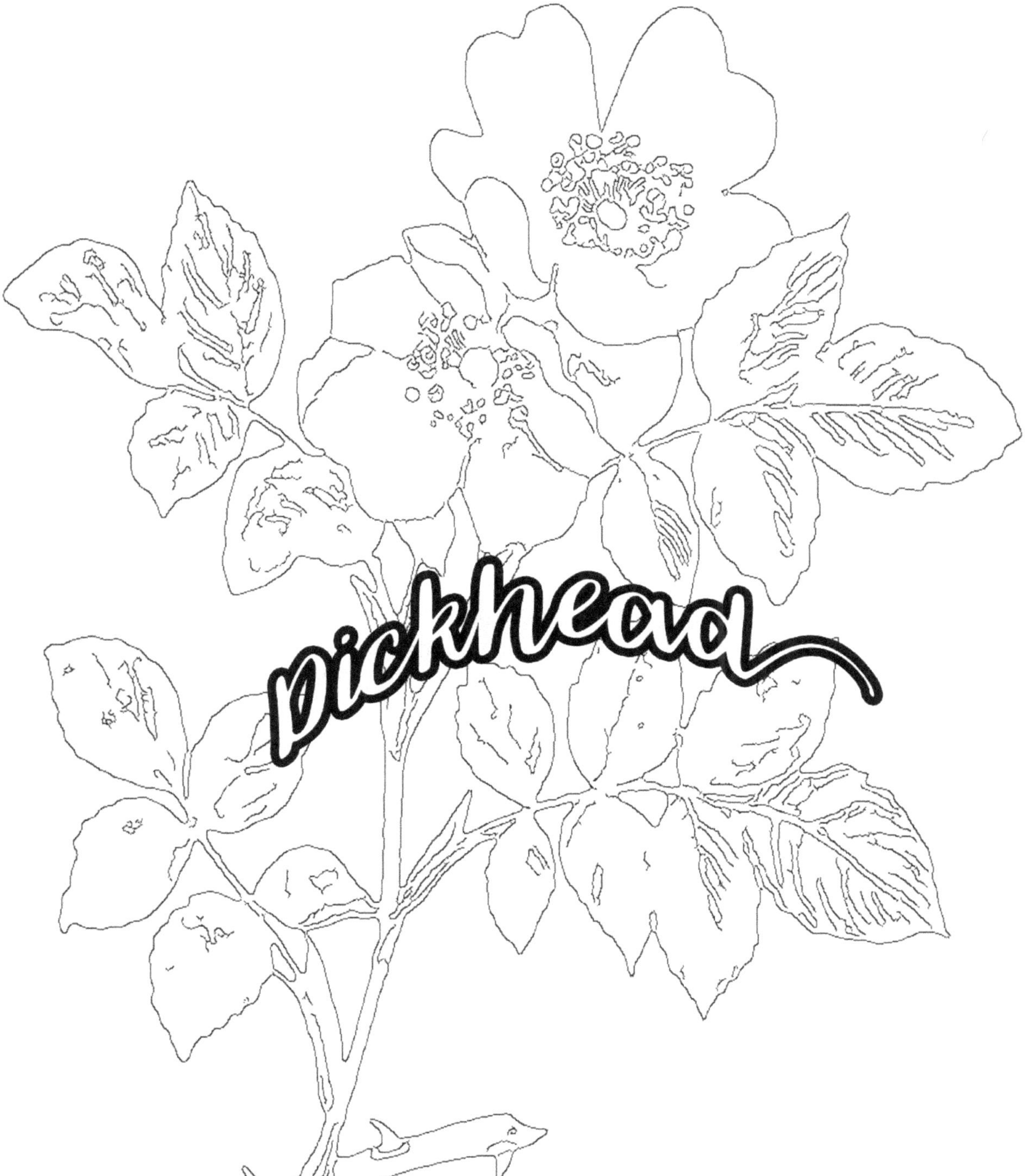
Dickhead

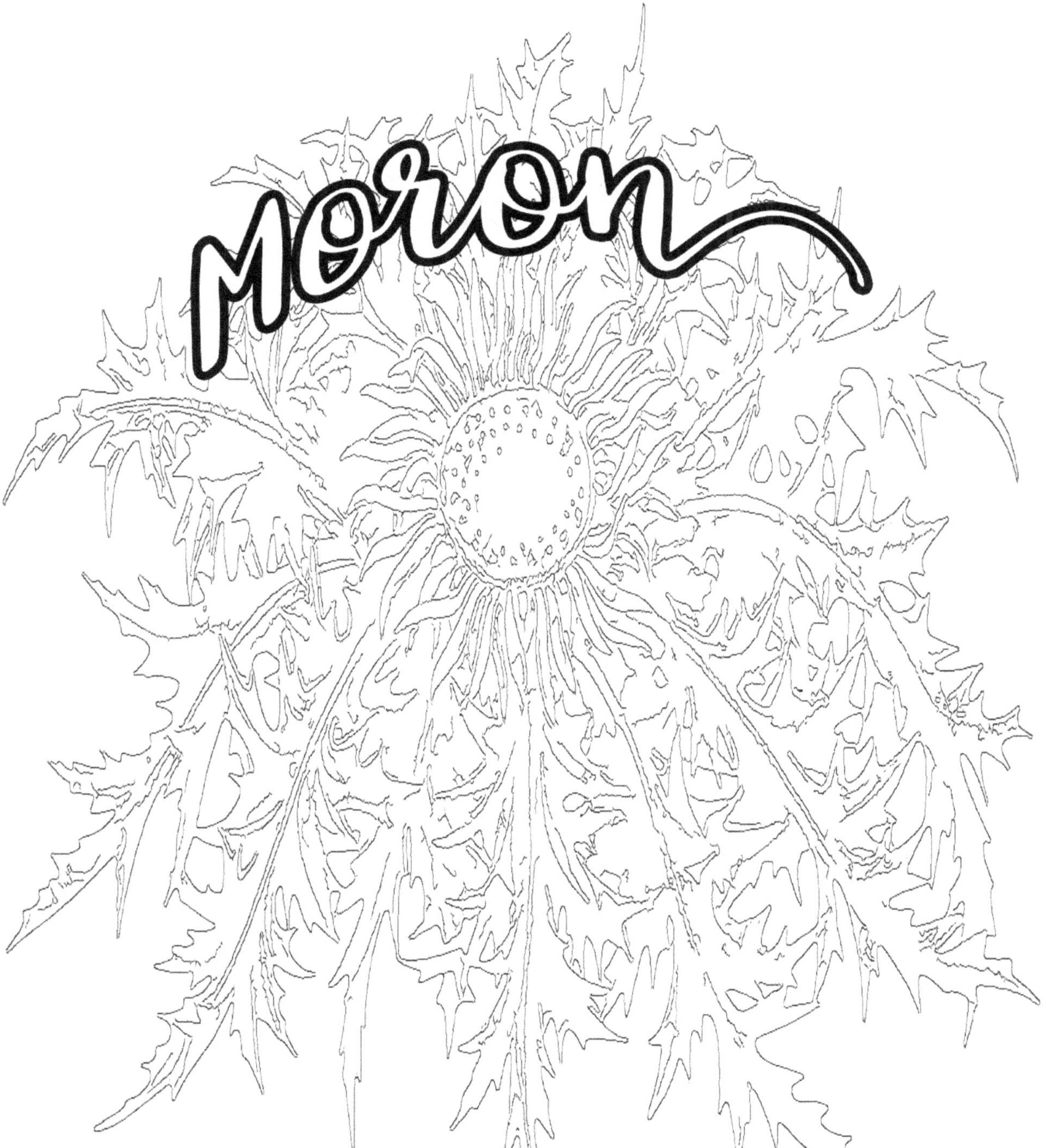
Moron

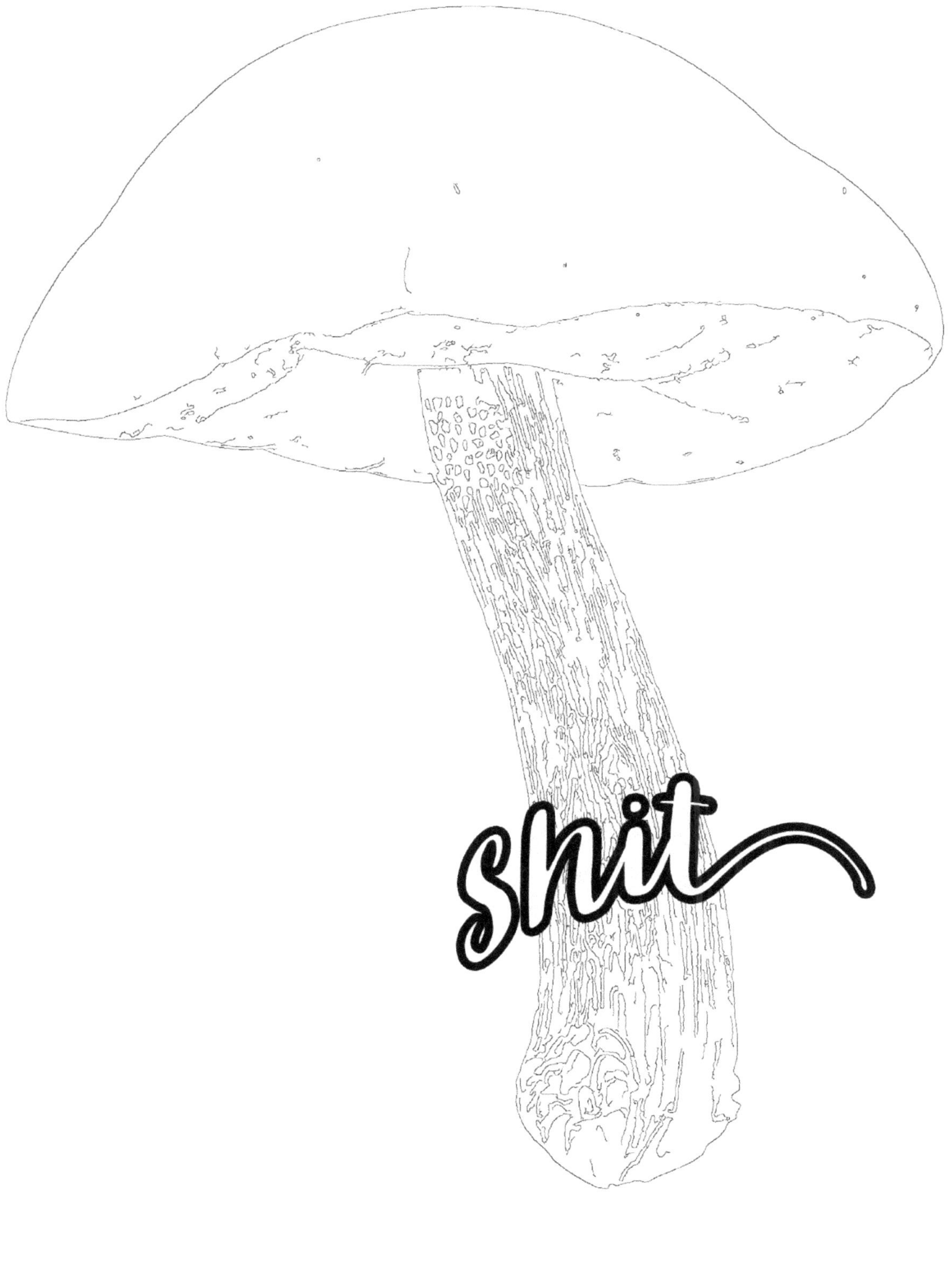
shit

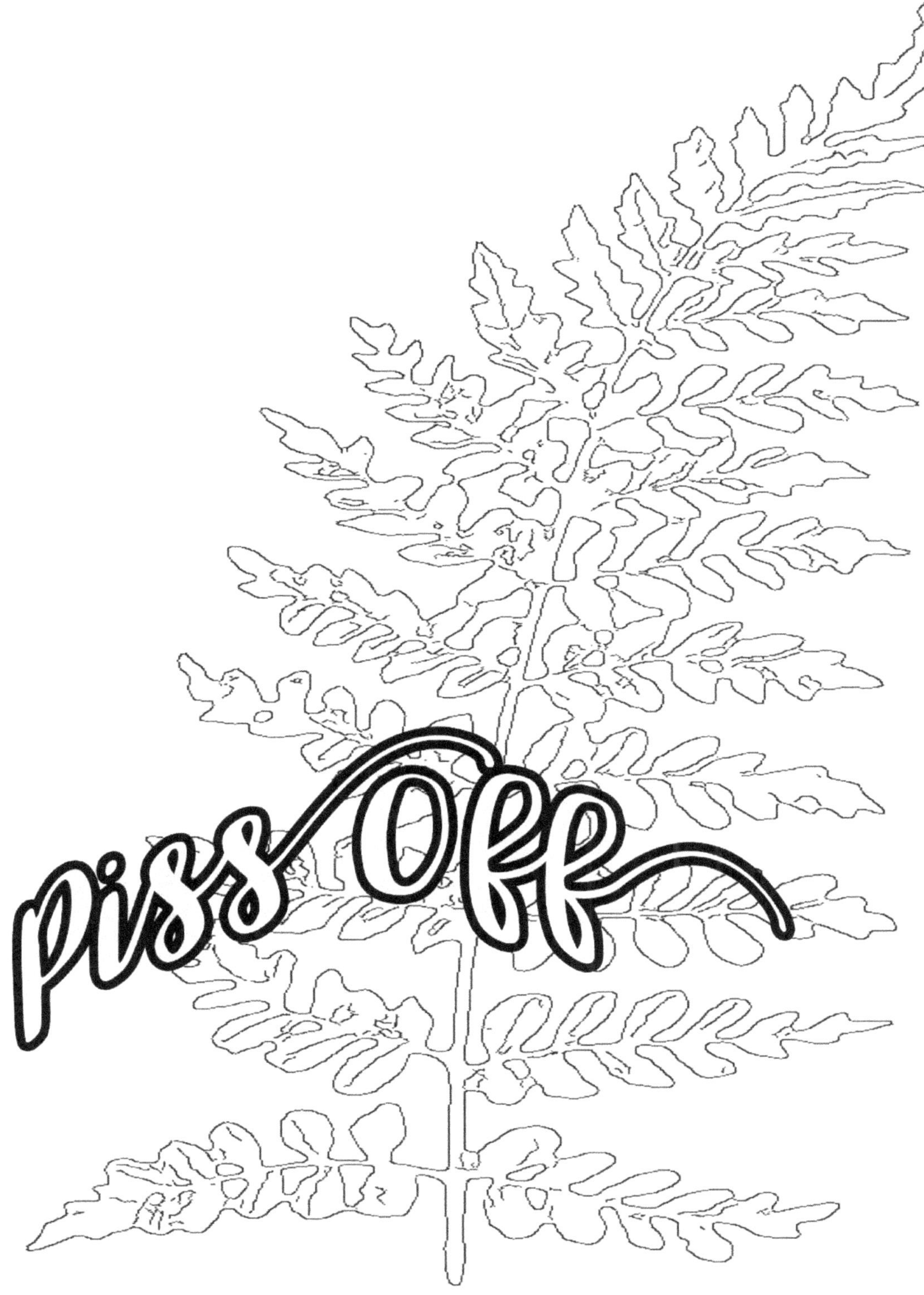
Piss Off

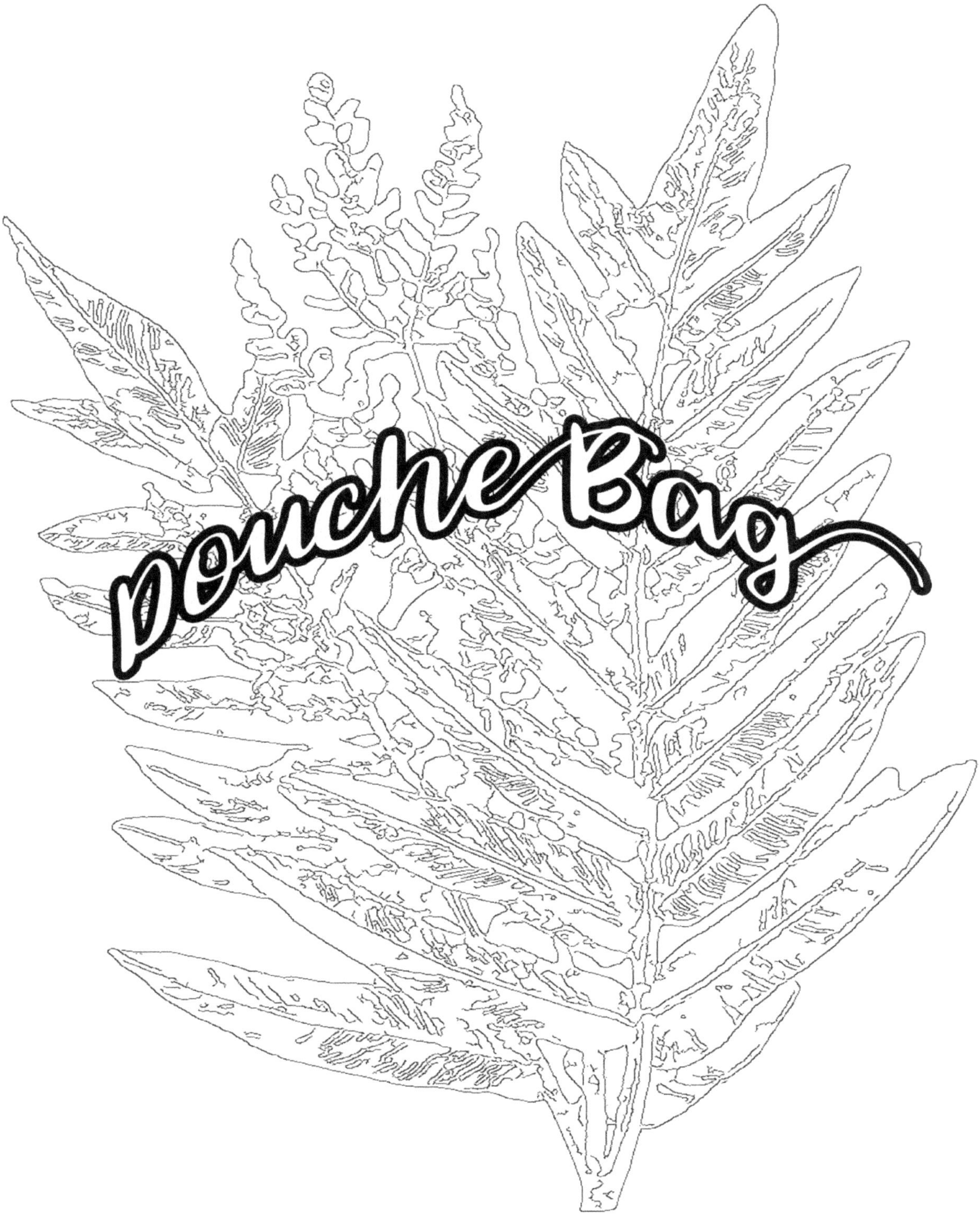
Douche Bag

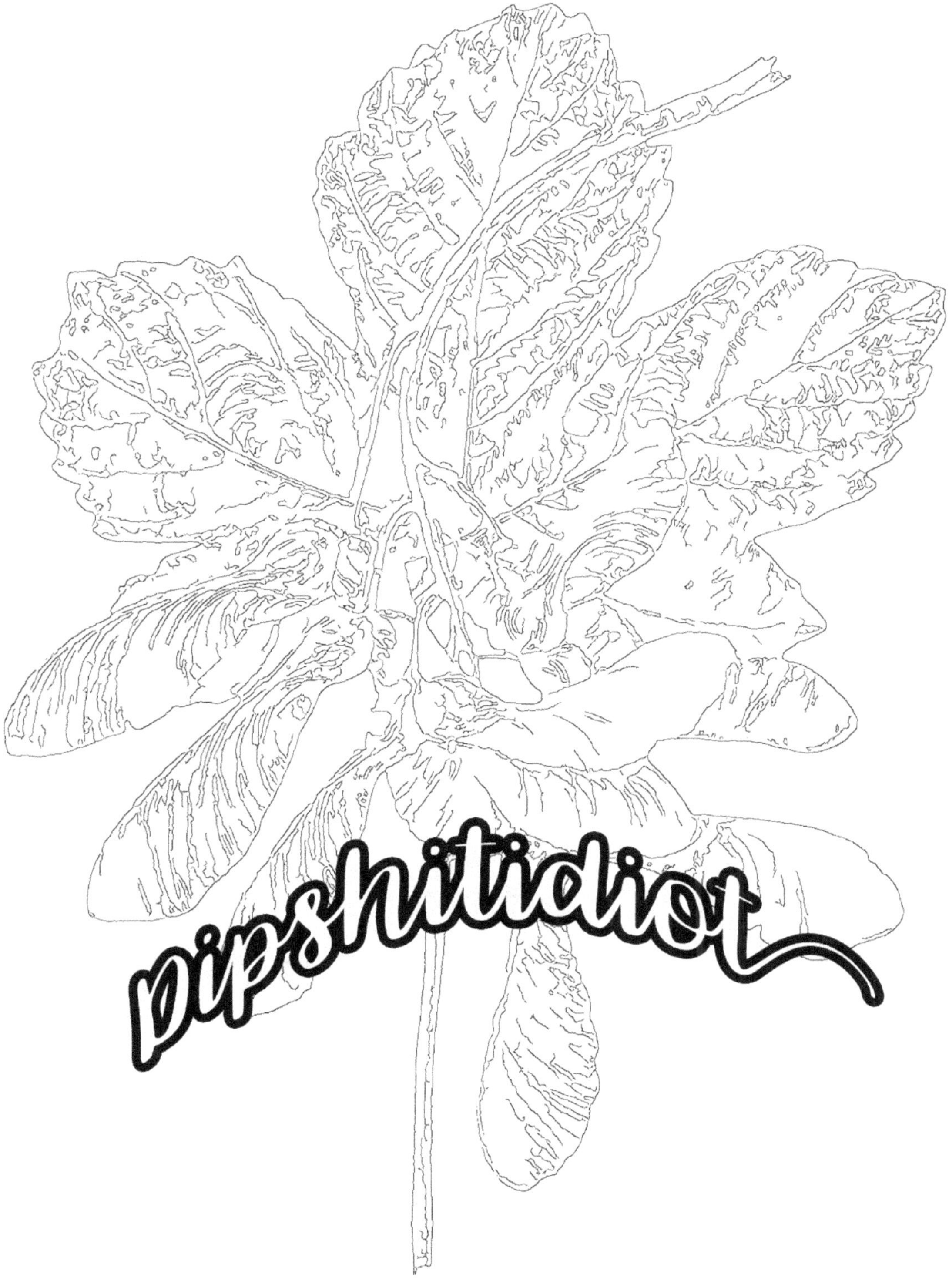
Dipshitidiot

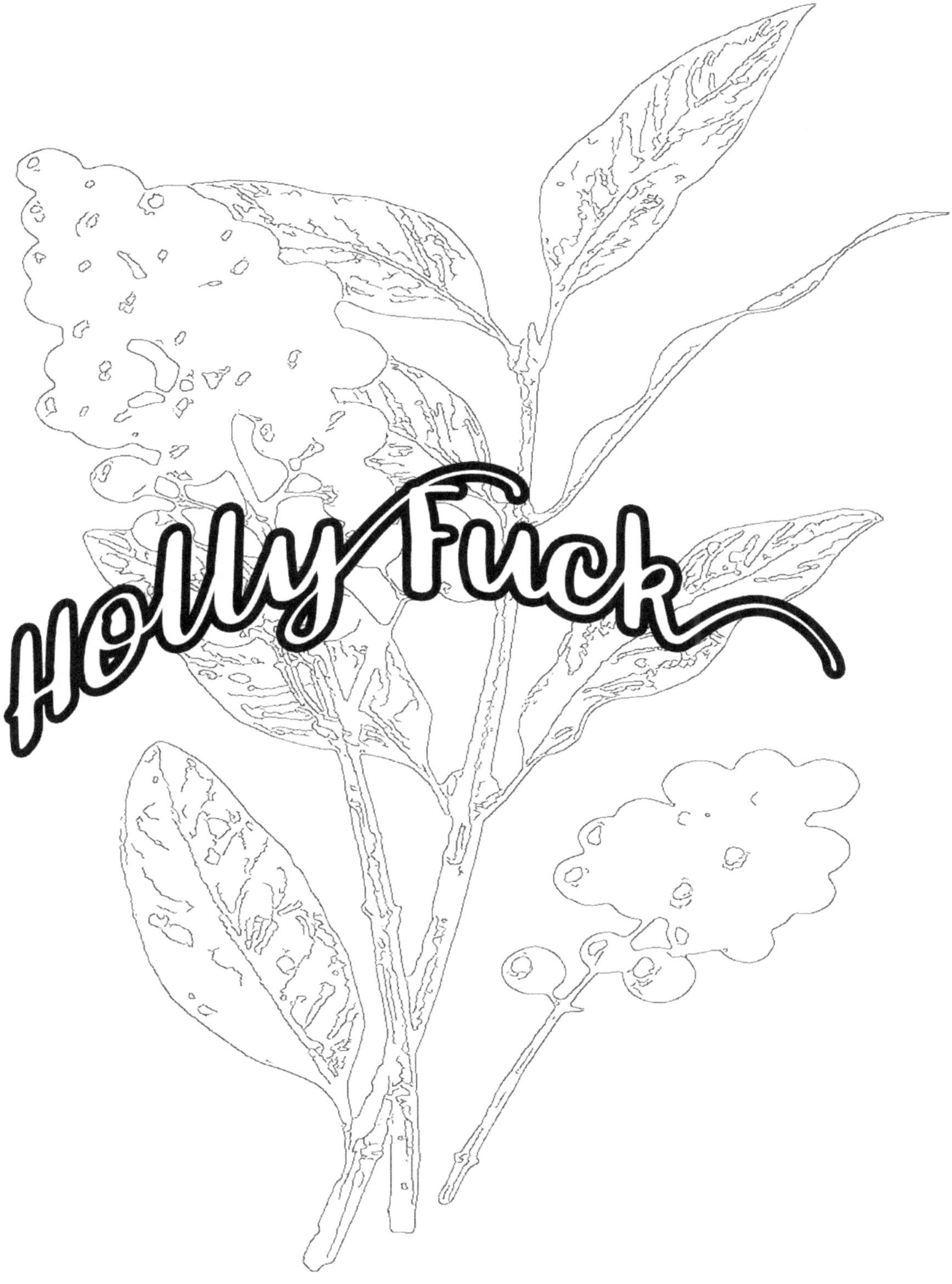
Holly Fuck

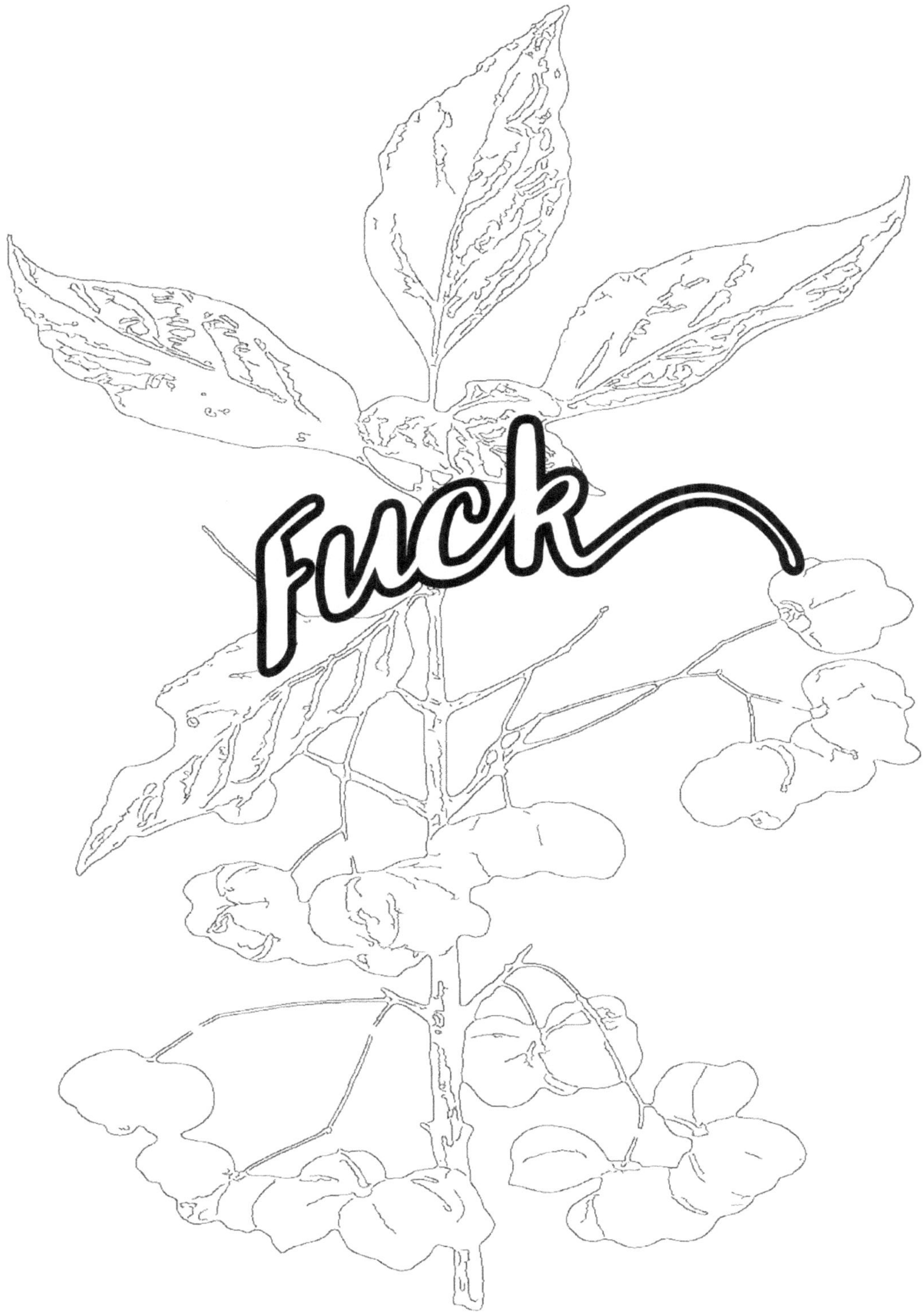
Fuck

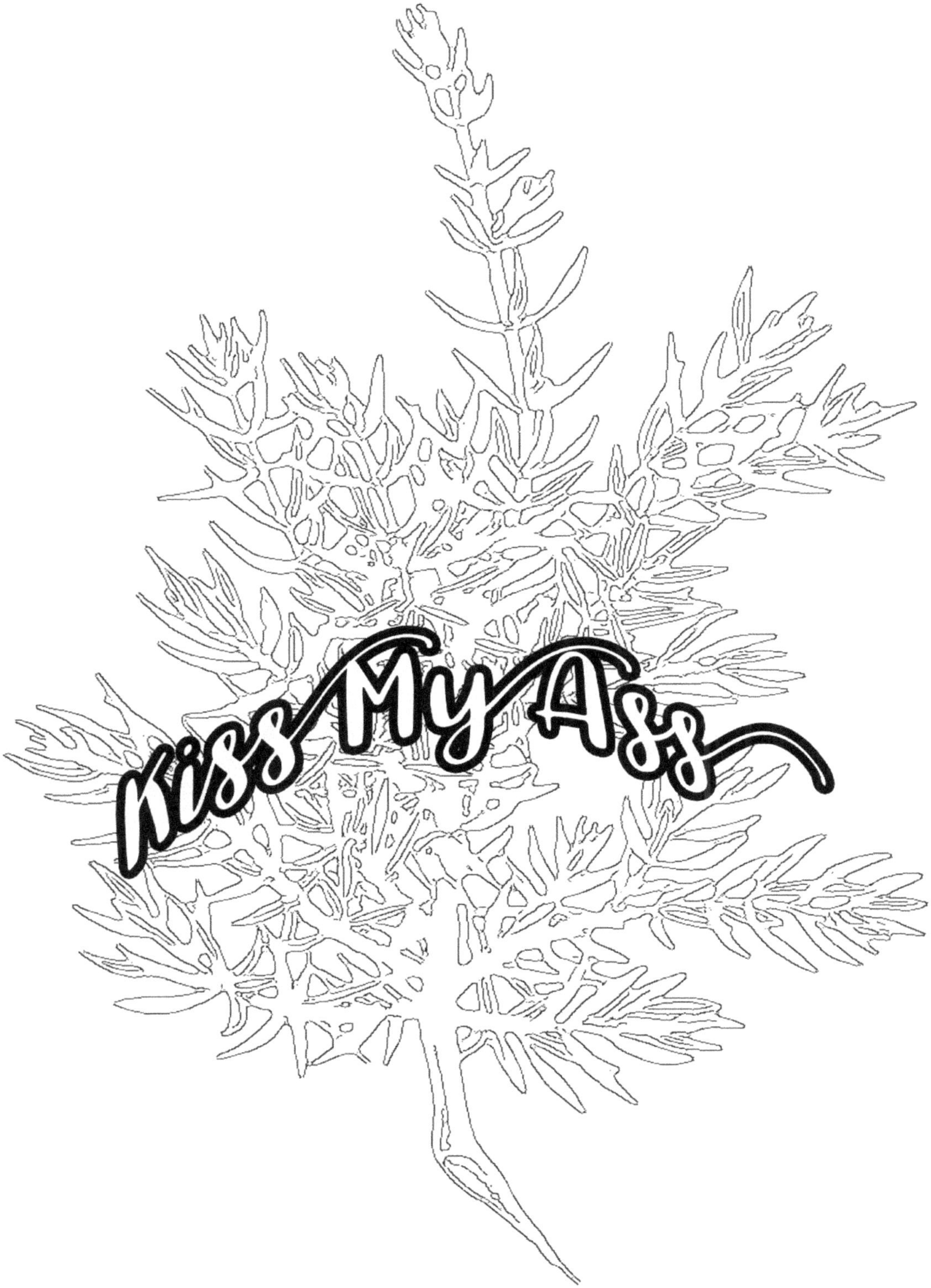
Kiss My Ass

www.ingramcontent.com/pod-product-compliance
Lightning Source LLC
Chambersburg PA
CBHW081620220526
45468CB00010B/2962
* 9 7 8 1 9 8 1 9 8 6 6 7 5 *